HIGLUK · Geschichten der Inuit

HIGLUK

Geschichten der Inuit

Mit 27 Steinschnitten von Lucassie Tookalook

Herausgegeben von Karla El-Hassan

1990

Reclam-Verlag Leipzig

Aus dem Englischen
Übersetzung von Juliane Lochner
Mit Kommentaren von Karla El-Hassan
und Josef Antonitsch

ISBN 3-379-00620-3

Higluk

Higluguk avalitumik aikhikpaktuk anuratjanik ukiukhiutinik uquqijanik tahitngu mikijun hikunilikmata Utnukaluakmaguk huqangitman. Uinga Iglajjak ihumaliktuk hinakhinahugiplugu hilami. Qaukmikman, huqangitkivuk huli; kiniriaktauplunilu. Tumaitnguk tautuknaktun qimajutkikturuk arkparkhuknikhuni tunganik qimapluni ujaraqauktumin ujatqat ilait hatukat maniqamin napauktun. Tunganit pjaunahuarkpaknirami tuquhauvaktuniktuk arknak taamna.

Nakvakpakmijan ujaqamun napajumun puktujumun ajuhitvivina iniliuruhimapluni. Ujarkak nuvuriktuk niukikta akutngaknun nalipkanu kapuhimajutniktuk. Uinga itminik tuquhagumavaktungaluak angutin ilagijaita ajukhihimapqakhutjuk pitailiplutjuk pavaktan tuquhatailiplujuk.

Higluk

Higluk war allein weggegangen, sich ein paar warme Kleidungsstücke zu beschaffen, denn die kleinen Seen waren schon zugefroren.
Als der Abend kam, war sie immer noch nicht zurück.
Ihr Mann Iglajjak glaubte, sie schliefe diesmal im Freien.
Doch auch am nächsten Tag kam sie nicht wieder, und so begab man sich auf die Suche nach ihr.
Ihre Spuren verrieten, daß sie auf der Flucht vor einem Geist an eine Stätte voller Geröll und aufrecht im Boden stehender Felsplatten geraten war.
Ein Geist hatte sie überfallen und getötet.

Sie fanden sie auf einen Felsen gespießt, der dort hoch aufgerichtet stand. Die Spitze des Felsens war ihr tief zwischen die Beine gerammt.
Da wollte ihr Mann sich töten.
Nur mit Gewalt hielten ihn die Männer davon zurück.

Der Waisenjunge und der Rotfuchs

Ein Waisenjunge wohnte in der Nähe des Iglus eines reichen Mannes.
Des Nichtstun überdrüssig, verließ er schließlich das Dorf. Er suchte Abenteuer, mit denen er sich vor den anderen brüsten könnte.
Als er so dahinwanderte, stieß er auf die Spur eines Rotfuchses und zu guter Letzt auf ein Haus.
Als er es betrat, fand er darin eine alte Frau. Er bat sie, ihm eine Geschichte zu erzählen.
Sie gab vor, sie hätte nichts zu sagen. Dann aber begann sie eine Zauberbeschwörung zu singen.
Auf ihren Ruf hin sah man plötzlich Felle von Weißfüchsen und Vielfraßen ordentlich getrocknet an den Wänden des Iglus hängen. Nach ihrem letzten Zauber kam durch den Vorbau des Hauses ein Rotfuchs herein. Er lebte, sein Fell jedoch war erbärmlich.
Dem armen jungen Mann gefiel er nicht, und er kämpfte mutig mit dem Fuchs.

Daraufhin warnte die Alte ihn: Sollte er auf dem Rückweg seine Notdurft verrichten müssen, würde er gut daran tun, größte Vorsicht walten zu lassen, daß sich ihm kein lebendes Wesen hinterrücks nähere.
Später, als er haltmachte, um sich zu erleichtern, sah er tatsächlich den Rotfuchs mit dem armseligen Fell sich ihm von hinten nähern.
Wieder in seinem Dorf, wurde der Waisenjunge von dem reichen Mann bedrängt, ihn in seine Abenteuer einzuweihen.
Erst gab er vor, er habe nichts zu erzählen, berichtete aber schließlich von der Rotfuchsspur, die er anfangs gesehen hatte, und endete mit dem Zaubergesang der alten Frau.
Felle von Weißfüchsen und Vielfraßen erschienen an der Wand und zum Schluß ein lebendiger Rotfuchs mit erbärmlichem Fell. Als der Waisenjunge sah, daß der reiche Mann beim Anblick des Rotfuchses zornig wurde, stand er nur dabei, ohne ihn mit einem Wort zu warnen.
Als der reiche Mann später aus dem Haus mußte, um sich zu entleeren, und nicht damit rechnete, angegriffen zu werden, geschah es, daß der Rotfuchs hinter seinen Rücken gelangte. Nichts konnte ihn

retten, als der Fuchs ihm das Ende des Darmes aus dem Hinterteil biß.
Da er nicht in den Iglu zurückkehrte, trat der Waisenjunge vor die Tür, um nach ihm zu suchen. Und als er den Toten gefunden hatte, nahm er des reichen Mannes Frau und machte sie zu seiner eigenen.

Geister

Dies ist nach den Worten von Qavviaktoq ein wahrer Bericht darüber, was ihm und seinem Freund einst bei der Robbenjagd auf dem Eis widerfuhr.
Sie hatten nur wenig zu essen mitgenommen, und ihre Hunde hatten das wenige aufgefressen.
Qavviaktoq ging deshalb Rebhühner jagen. In der Zwischenzeit sammelte sein Freund Treibholz und baute ein Schneehaus.
Am nächsten Morgen gingen sie auf Robbenfang, jeder in eine andere Richtung.
Qavviaktoq machte eine erste Beute und näherte sich dann den anderen Robben, die er ringsumher auf dem Eis liegen sah. Er bemerkte jedoch, daß er sich, je länger er lief, immer weiter von der Beute zu entfernen schien.
Es waren keine gewöhnlichen Robben, sondern gefährliche Wesen. Es waren Geister, die Robbengestalt angenommen hatten und ihn

weiter und immer weiter trieben, um ihn am Ende zu töten.
Von großer Furcht ergriffen, eilte er zurück zu seinem Gefährten, der auch etwas zu berichten hatte.
Er war von zwei Geistern verfolgt worden und hatte ihre Spuren im Schnee entdeckt.
Zunächst glaubte er, es wären Leute aus dem Dorf, die ihm einen Streich spielen wollten. Als er jedoch die Spuren plötzlich verschwinden sah, als hätten sich die zwei Wesen in Luft aufgelöst, bekam er Angst und kehrte zu seinen Hunden zurück.
Heißt es doch, Hunde schützen in solchen Fällen mit Zauberkräften.
Die beiden jungen Männer verbrachten den Abend damit, zu essen und sich wieder und immer wieder ihre Abenteuer zu erzählen.
Der nächste Tag war stürmisch, und Qavviaktoq wollte nicht aufbrechen. Sein Gefährte drängte ihn jedoch so sehr, daß er schließlich nachgab, und beide kehrten mitten im Sturm heim.

Agleruittoq

Es gab einmal einen Mann, der hieß Agleruittoq.
Er lebte am Prince-Albert-Sund. Er war ein Mörder, und seine Nachbarn hätten ihn gern aus dem Wege geräumt, doch er hatte viele Brüder.
Eines Sommers, als seine Brüder gerade unterwegs waren, beschlossen die Nachbarn, ihn zu töten.
Sie gaben vor, mit ihm auf Karibujagd gehen zu wollen.
Dann aber, an entlegenem Ort, hielten sie ihm beide Arme fest und stachen ihn nieder.
Agleruittoqs Vetter war auch dabei, doch machte er keinen Finger krumm für ihn, auch nicht, als der Verletzte laut um Hilfe schrie. Zu viel Angst hatte er selbst vor ihm bislang ausgestanden.
Verwundet, aber noch am Leben, bat Agleruittoq die Männer, ihn auf die Spitze eines kleinen Hügels zu tragen. Sie versagten ihm jedoch diesen letzten Wunsch und vergruben seinen Körper im Sand.

Sie wollten das, was geschehen war, vor allen, besonders aber vor seinen Brüdern, geheimhalten.

Im nächsten Winter jedoch erzählte einer der Mörder Agleruittoqs dessen Brüdern, was wirklich geschehen war. Statt ihre Rache an dem Zuträger auszulassen, spürten die Brüder seine Kumpane auf und schossen einem von ihnen einen Pfeil in die Brust.
Dem Verwundeten glückte die Flucht, und er ließ sich, nachdem er das Land der Puiplermiut durchquert hatte, in der Gegend von Coppermine nieder.

1981

Die männerfressende Frau

Eine Frau gab ihren Männern stets wilde Beeren zu essen. Wenn sie so fett waren, wie es ihr gefiel, fraß sie sie auf. Sie war eine wunderschöne Frau. Immer jedoch, wenn die Männer fett genug waren und sie nachts schliefen, wurde ihr Mund plötzlich immer größer, und ihre Fingernägel verwandelten sich in Klauen, mit denen sie ihre Leiber in Stücke riß.

Eines Tages, als sie zum Beerensammeln landeinwärts nach Norden gezogen war, ging ihr damaliger Mann am Meeresufer entlang. Er sah, daß sich ihm ein Weißwal näherte. Das Tier warnte den Mann, daß seine Frau ihn bald würde loswerden wollen und dabei mit ihm genauso verfahren werde wie mit ihren anderen Männern. Er solle sich hüten, in der kommenden Nacht einzuschlafen, ferner solle er den Beistand seines Amuletts, einer Polarsee-schwalbe, erbitten.

Der Mann eilte nach Hause zurück. Er glaubte, niemand wüßte von seiner Begegnung mit dem Weißwal.
Seine Frau besaß jedoch eine Zauberkugel, und kaum hatte sie einen Fuß ins Haus gesetzt, sprach die Kugel deutlich vernehmbar:
«Dein Mann hat am Strand mit jemandem gesprochen! Und er sprach sehr lange mit ihm!»
Auf ihre Frage, wer es gewesen sei, erwiderte der Mann, niemand sei dagewesen. Der Anblick vorüberfliegender Vögel habe ihn so glücklich gemacht, daß er mit sich selbst geredet hätte.

Sie legten sich schlafen, aber der Mann hatte Angst und behielt seine Frau im Auge. Er sah, wie ihr Mund größer wurde und ihre Nägel sich zu Krallen auswuchsen.
In ihrer Unruhe kratzte sie sich die Brust und sagte immerfort:
«Wie gern würde ich meinen Mann fressen!»
«Hör auf, dich herumzuwälzen, und schlaf endlich ein!» versetzte der Mann.

Nach diesen Worten verwandelte sich die Frau wieder und wurde so schön, wie sie ehedem war.

Als nach einer schlaflosen Nacht der Morgen dämmerte, bat der Mann seine Frau, nur die kleinsten Beeren für ihn zu sammeln. Er hoffte, daß sie dazu mehr Zeit brauchen würde.
Sobald sie außer Haus war, lief er ans Meeresufer. Zuvor hatte er jedoch der Zauberkugel, die ihn verraten hatte, ein paar tüchtige Schläge versetzt. Der Weißwal erschien, und der Mann sprang auf seinen Rücken.
Als die männerfressende Frau zurückkam und ihren Mann nicht finden konnte, fragte sie ihre Zauberkugel nach seinem Verbleib. Die Prügel hatten der Kugel jedoch die Sprache verschlagen. Die Frau lief ihrem Mann nach.
Der Weißwal suchte, dicht unter der Wasseroberfläche schwimmend, eilends das Weite, doch im Handumdrehen hatte die Frau ihn eingeholt.
Der Mann beschwor die hilfreichen Kräfte seines Amuletts, verwandelte sich in eine Polarseeschwalbe und flog davon.
Seine Frau ließ ihren Zorn nun an dem Weißwal aus und riß ihn in Stücke – Fleisch, Haut und Knochen. Ihre Wut war noch immer so groß, daß sie sich rasend gegen sich selbst wandte, sich selbst zerfleischte und so den Tod fand.

Der Wind kam von Süden. Der Mann begab sich zu der Stelle, wo er die treibenden Fleischstücke und Knochen vermutete. Er sammelte sie alle ein und fügte die des Weißwals passend aneinander. Das erweckte den Wal zu neuem Leben.
Als aber die Überreste seiner Frau an den Strand getrieben wurden, zerstieß er sie mit einem Stein zu winzigen Körnchen, die er in den Wind streute.

Der Weißwal riet ihm, zu seinen Eltern heimzukehren, mahnte ihn aber, vor jeder Mahlzeit, die er unterwegs zu sich nehmen würde, seine Felljacke auszuziehen. Das tat er auch, bis auf ein einziges Mal, als er es vergaß. Danach konnte er seine menschliche Gestalt nicht wieder annehmen.
Zwar erreichte er glücklich sein Elternhaus, doch da er seine Menschengestalt verloren hatte, erkannten ihn die Eltern nicht. Als Polarseeschwalbe glitt er in der Nacht durch das Rauchloch ins Haus.
Das Geräusch weckte seine Eltern, sie standen auf und erschlugen ihn mit einem Stock.

Die Ermordung des Vaters von Qavviaktoq

Dies ist der bewegende Bericht über den Mord am Vater des Erzählers.
Ich war noch ein kleiner Junge, erzählte Qavviaktoq, und war zusammen mit meiner Schwester, die auch noch sehr klein war, eifrig mit dem Fischen beschäftigt.
Da sahen wir vom jenseitigen Flußufer Männer herüberkommen, die über die Reusenmauern meines Vaters liefen. Die Männer kamen heran und setzten sich neben das Zelt meiner Eltern.

Zwei von ihnen näherten sich meinem Vater hinterrücks und fielen über ihn her. Sie verlangten, daß einer der Gäste ihnen ein Messer gäbe, und bekamen es auch. Sie stachen den Vater nieder, und niemand kam ihm zu Hilfe.
Meine Mutter stürzte hinzu, entwand den Mördern das Messer und warf es weit fort.

Ein weiteres Mal verlangten die beiden Männer nach einer Waffe, und jemand reichte ihnen das Messer meiner Mutter.
Und wieder riß meine Mutter es ihnen aus den Händen und warf es weit von sich.

Aber auch ein drittes Mal erhielten die Mörder ein Messer. Ein Mann trat hinter meine Mutter und packte sie an den Armen. Sie griff nach der Klinge, die ihr dieses Mal über die Handfläche rutschte und einen tiefen Schnitt im Fleisch hinterließ.

Meine Schwester und ich schrien, während mein Vater, der mehrere Stiche empfangen hatte, stöhnte. Ich wollte ihm beistehen und begann, die Messer zu suchen, die meine Mutter fortgeworfen hatte.

Ich fand auch eins, das kleinste, und rannte zu dem Mann, der auf meinen Vater einstach. Ich traf ihn mehrfach im Genick. Der Mann richtete sich auf und sagte:
«Du tust mir weh! Aber da du noch ein Kind bist, gebe ich mich mit dir nicht ab.»
Oh, wie wünschte ich mir da, schon ein erwachsener Mann zu sein, mit einem Messer in der Hand!

Alle Gäste gingen, als mein Vater starb. Der letzte, der ging, war der Mann, den ich mit meinem kleinen Messer verletzt hatte. Seine Sachen waren blutdurchtränkt, und es hieß, er habe tagelang große Schmerzen gehabt.

Wenig später verließ meine Mutter mit uns diesen Ort, um bei anderen Familien eine Bleibe zu finden.

Der Waisenjunge mit dem Rabenschnabel

Ein altes Weib bettelte bei jedem Jäger im Dorf, in dem sie wohnte, um Nahrung.
Das kleine Gefäß, in das sie gewöhnlich ihr Essen hineintat, verschmutzte freilich mit der Zeit.
Eines Abends kratzte sie es aus, zerkaute den schmierigen Schmant im Mund und formte daraus einen kleinen Puppenjungen. Sie steckte ihm einen Rabenschnabel ins Gesicht und stellte die Figur neben den Docht ihrer Steinlampe.
Während sie im Schlaf lag, wurde das Püppchen lebendig, schaffte sich Platz an ihrer Seite und legte sich hin.
Als die Alte die Augen öffnete, war sie vom Anblick des kleinen Jungen mit dem Rabenschnabel überrascht.
Sie fragte ihn, woher er käme.
«Du selbst hast mich gestern abend gemacht», gab er zur Antwort.

Von da an wohnte er bei der alten Frau und wuchs im Dorf auf wie alle anderen Eskimowaisenjungen.

Liebend gern lauschte er, wenn die Jäger von ihren Abenteuern berichteten. Eine Geschichte fesselte ihn besonders: Darin hieß es, ein sonderbares Tier tauche des öfteren aus den Tiefen des Meeres empor, doch verschwände es immer, noch ehe ein Jäger nahe genug wäre, um seine Harpune nach ihm zu schleudern.
Als er groß genug war, hatte der Junge nur den einen Wunsch, sich einen Kajak und eine Harpune zu borgen, um selbst nach dem merkwürdigen Tier zu jagen. Schließlich gelang ihm das, und er schlug alle Warnungen der alten Frau in den Wind.

Er war den Robbenfängern bis zu der Stelle gefolgt, an der das Tier sich am häufigsten zeigte.
Dann ließ er die anderen vorangehen und blieb allein. Lange mußte er warten. Als das Tier dann plötzlich erschien, war er ganz in seiner Nähe und harpunierte es.

Ein paarmal tauchte das Wesen noch unter, doch am Ende trieb es auf der Wasseroberfläche und war tot.

Das Tier bestand aus Fels und Erde. Es war neues Land, das am Meeresgrund entstanden und von dort heraufgewachsen war. Seither gehörte dieses Land dem Waisenjungen.
Er stellte darauf eine Falle auf, um einige Schnee-Eulen zu fangen. Er wollte so viele Bälge erbeuten, daß er sich daraus Kleidung fertigen könnte.

Sehr bald schon hatte er alle Bälge beisammen, die er brauchte – alle, bis auf einen einzigen.
Als er das nächste Mal zur Falle kam, hatte sich darin eine Schnee-Eule verfangen. Gerade wollte er sie töten, da schlug der Vogel seine Kapuze zurück, und ein menschlicher Kopf wurde sichtbar. Er bat den Jungen, ihn zu verschonen, sonst – so fügte er hinzu – solle er nie mehr nach Hause zurückkehren.
Der Waisenjunge wollte aber nicht auf ihn hören und tötete den Vogel. Hatte er doch nun den letzten Balg, den er benötigte.
Auf seinem Weg zurück ins Dorf alterte er so rasch, daß er es nicht mehr erreichte.

Ein Junge mit zwei Hund-Brüdern und einer Hund-Mutter

Zwei Männer gingen mit ihrer Hündin auf Eisbärenjagd. Hinter ihnen brach das Eis, und sie trieben lange auf dem Ozean. Beide wurden Ehemänner der Hündin.
Sie war trächtig, als das Eis abermals brach. Sie wurde von den Männern getrennt und geriet, den Wellen preisgegeben, in ein fernes Land.
Ein altes Ehepaar fand die Hündin und gewährte ihr, glücklich darüber, daß sie ihnen bald Welpen schenken würde, Obdach.
Bald auch brachte die Hündin drei Junge zur Welt: zwei davon waren Welpen, das dritte aber war ein Menschenkind, ein Junge.

Das greise Paar zog den Jungen auf, der schon ungewöhnlich geschickt und kräftig war. Er übte sich indes, noch stärker zu werden.
Der Junge hatte sich in den Kopf gesetzt, gegen die

Menschenfresser zu kämpfen, von denen er gehört hatte.
Nachdem er schon in seinen Tagträumen gegen sie gekämpft und den Sieg davongetragen hatte, machte er aus seinem Vorhaben Ernst.

Er baute sich einen Schlitten und ließ ihn von seinen beiden Hund-Brüdern und seiner Hund-Mutter ziehen. Als der Junge aufbrach, fuhr er so geschwind, daß die in der Nähe Stehenden sie nicht einmal sehen konnten. Nur ein Knirschen im Schnee war zu hören.

Am ersten Abend machte er halt an einem freundlichen Ort, wo man ihn gut aufnahm.
Am nächsten Tag erreichte er das Land der Menschenfresser, und es gelang ihm, alle zu töten.

Die Frau mit dem Kopf-Mann

Es war einmal ein Mädchen, das wollte nicht heiraten.

Jedesmal, wenn sie fortging, hängte sie ihre Schlaffelle an die Wände ihres Schneehauses. Des Nachts sprach sie stets mit leiser Stimme. Der Mutter, die das hören konnte, wurde bange. Eines Tages, als das Mädchen außer Haus war, schlug sie die Felle auseinander und fand darin einen Menschenkopf. Ohne ihn mit den Händen zu berühren, schleuderte sie ihn fort ins Wasser. In der Nacht darauf hörte das Mädchen nicht auf zu weinen. Sie stand auf und suchte den Kopf ihres Mannes. Die Blutspur führte sie zu einer Stelle im Meer, die frei von Eis war. Sie nahm ein Robbenfell, breitete es auf dem Wasser aus und sprang darauf. So konnte sie die blutige Spur erkennen, die der Kopf auf seiner Bahn durch das Wasser gezogen hatte.

Sie lief ihr nach und bat um Hilfe. Doch die Menschen, denen sie begegnete, taten nichts für sie.

Schließlich gelangte sie zu einem Iglu, wo sie ihren sonderbaren Ehemann zusammen mit Wölfen, Vielfraßen, Möwen und Raben hausen sah.
Alle brachten ihr etwas zu essen. Ihr Kopf-Mann wollte jedoch nicht mit ihr zurückkehren und sprach: «Deine Familie mag mich nicht, geh allein nach Hause. Doch hüte dich! Geh nicht den oberen Weg entlang, nimm den unteren!»
Vielleicht hörte sie nicht mehr richtig, was er sagte, denn sie war schon wieder fort – jedenfalls nahm sie den oberen Weg und geriet an einen Fluß.
Am gegenüberliegenden Ufer standen große Schneehäuser.

Ein Mann sprang in seinen Kajak, paddelte in die Mitte des Stromes und fing an zu fischen. Er sang dabei ein Zauberlied.
Ehe die Frau begriff, wie ihr geschah, fand sie sich nackt im Kajak des Mannes wieder.
Er brachte sie ans Ufer, und dort befahl eine alte Frau sie in ihr Haus. Sie war die Herrscherin über alle Tiere auf dem Lande und im Meer. Sie war auf dem Mond.

Die Frau verbrachte dort oben einige Zeit. Als die Stunde gekommen war, wieder zu gehen, gab die alte Frau ihr ein Messer und sagte:
«Sobald du mit dem großen Zeh den Erdboden berührst, schneide das Seil über deinem Kopf ab!»

Das Mädchen rutschte am Seil hinunter. Als ihr großer Zeh den Erdboden berührte, versuchte sie, das Seil über ihrem Kopf zu durchtrennen.
Das mißglückte ihr aber, und plötzlich merkte sie, wie sie sich wieder aufwärts bewegte.
Sie war in eine kleine Spinne verwandelt worden.

Eine alte Frau

An der Mündung eines Flusses tauchte einmal ein Seehund auf. Einige Jäger sprangen in ihre Kajaks und setzten ihm nach.
Auf offener See gerieten sie in ein Unwetter und gaben die Jagd auf – nur einer tat es nicht.
Dieser hatte mit der Umkehr zu lange gezögert und kam nun nicht mehr gegen den Wind an.
So trieb er mit der Strömung die Küste entlang bis zu einem fremden Land. Er ging auf einen Mann zu, den er gesehen hatte. In Wahrheit aber war es ein Haufen Steine, der Menschengestalt angenommen hatte. Der Stein-Mann führte ihn zu einem zweigeteilten Zelt, in dem er auf ein uraltes Weib traf. Das wollte ihn zu ihrem Ehemann machen.

Seine Kleider trieften vor Nässe, deshalb zog er sie aus, und die Alte hängte sie zum Trocknen auf.
Sodann ging sie hinaus, um Brennholz zu suchen.

Während sie draußen war, vernahm der Mann Stimmen aus dem anderen Teil des Zeltes:
«Sie wird mit dir das gleiche machen wie mit uns!»
Er ging hin und sah nach und fand einen Raum voller Köpfe von Männern, die das alte Weib schon getötet hatte.
Als sie wieder ins Zelt trat, stürzte der Mann längst schon Hals über Kopf zu seinem Kajak. Er war noch immer nackt.
Die alte Frau lief hinter ihm her, und als sie am Ufer stehenblieb, hieb sie mit ihrem Zaubermesser auf einen großen Stein. Fast kenterte der Kajak draußen auf dem Meer. Kaum hatte er aber sein Gleichgewicht wiedergefunden, setzte der Mann schnell zu einem großen Eisberg über.
Von dort warf er seine Harpune und sprach:
«Das könnte ich auch dir antun!»
Die Alte am Ufer fiel mit dem Gesicht zur Erde nieder.
Dann lief sie wehklagend zum Zelt zurück.

Kuamakaphaluk

Kuamakaphaluk hatte einen Sprachfehler, und überdies war er von böser Gemütsart. Wann immer er glaubte, jemand halte ihn zum besten, dann tötete er ihn.

Irgendwann war es dann soweit, daß seine Jagdgefährten fanden, das Maß sei nun voll. Einer von ihnen beschloß, ihn ein für allemal zum Kampf zu fordern. Sie sollten den Zweikampf mit Pfeil und Bogen austragen.

Kuamakaphaluk war ein äußerst starker Mann. Sein Bogen war so mächtig, daß er Unterstützung brauchte, um ihn biegen und spannen zu können. Er benutzte dicke Pfeile, die aus dem Ansatz eines Rentiergeweihs geschnitzt waren.
Sein Gegner wußte, daß solche Pfeile träge sind. Er konnte sie schon aus der Ferne erkennen und

ihnen ausweichen, indem er zur Seite trat. Er selbst machte sich ein paar schlanke und schnelle Pfeile.
Als die Vorbereitungen zum Kampf abgeschlossen waren, fingen sie an, einander mit Pfeilen zu beschießen.
Kuamakaphaluk wurde ins Auge getroffen. Er starb nicht, doch verlor er viel Blut an der Stätte des Kampfes.
Seit jener Zeit werden die Weiden dort immer dicker.

Der Schamane

Die Leute an der stürmischen Südwestküste der Viktoria-Insel horten für die schlechte Jahreszeit stets Unmengen an Fleisch und Öl.
Trotzdem hielten die Schneestürme oft so lange an, daß die Menschen an allem Mangel litten.
Für gewöhnlich wandten sie sich dann an ihre Schamanen, damit sie Abhilfe schüfen.

Zuweilen führten ein Mann und eine Frau die erforderlichen Riten aus. Ein andermal tat es ein Mann allein. Dieser Mann lief dann nackt, nur mit Hosen bekleidet, in den Sturm hinaus und blieb dort eine lange Zeit.
Er mußte nämlich zum Himmel steigen und das Loch zustopfen, durch das der Geist des Sturmes den Schnee schaufelte. Wenn der Schamane zurückkehrte, war, obwohl er nackt war, nicht einmal seine Haut erfroren.

Am Morgen, der dem Ende des Sturmes folgte, gingen die Jäger auf Robbenjagd. Hatten sie nun die erste Robbe erbeutet, mußten sie mit ihr augenblicklich zurück ins Lager und durften nicht versuchen, weitere zu fangen. Erst am Tag darauf durften sie nach Herzenslust Robben jagen.

Eine Frau und ein Wal-Mann

Eine verheiratete Frau verliebte sich in einen Weißwal-Mann. Immer wenn ihr Ehemann im Binnenland auf der Jagd war, eilte der Wal-Mann zu ihr.

Zu guter Letzt hatte sie nur noch Augen für ihren Liebsten. Wenn sie mit ihrem Ehemann zusammen war, klagte sie ständig über Kopfschmerzen und trug nur ihre schäbigsten Kleider. Die besseren sparte sie sich für die Zusammenkünfte mit ihrem Liebsten auf. Der Mann wurde mittlerweile argwöhnisch. Er gab vor, fortzugehen. In Wirklichkeit versteckte er sich hinter einem Felsen und beobachtete das Treiben seiner Frau.
Er sah, wie sie sich in ihren besten Kleidern auf das Hausdach begab. Er sah, wie der Wal-Mann ans Ufer kam, seine Haut abstreifte und sich mit seiner Frau ins Haus zurückzog.

Sobald ihr Liebster fort war, sah er sie wieder in ihre schmutzigen Lumpen steigen.

Der Mann machte sich einen Speer zurecht. Als sich seine Frau das nächste Mal mit ihrem Liebsten traf, rannte er zum Haus, kaum, daß die beiden darin verschwunden waren. Als sein Nebenbuhler herauskam, erstach er ihn.

Fischer

An einem Fluß am Ende von Bathurst Inlet fischten ein paar Leute.
Da trat eine Frau hinzu, die hatte das gleiche im Sinn.
Doch die Leute waren voller Mißgunst und wollten nicht, daß sie ihren Anteil an dem Fisch habe.
So hielt sie einer fest, und ein anderer erstach sie.

Die Rache

Es war Frühling. Das Wetter war so günstig, daß man die Zelte aufschlagen konnte.
Ein Mann sagte zu einem seiner Verwandten:
«Geh und töte diesen Mann dort!»
Der Verwandte, der sich gern in einen Kampf einließ, erwiderte:
«Ja.»
In Wahrheit ging es um Rache für einen lange zurückliegenden Mord an einem Verwandten.

Der Rächer nahm sich einen Mann zur Begleitung mit und brach auf. Vor dem Hause dessen, der als Opfer bestimmt war, machten sie halt und fragten seine Frau:
«Wo ist dein Mann? Wir sind gekommen, ihn zu töten!»
Sie antwortete:
«Er ist auf Robbenjagd.»

Da liefen sie ihm nach und fanden ihn am Atemloch einer Robbe stehen.
Während sein Gefährte aufpaßte, begann der Rächer den Jäger mit Pfeilen zu beschießen. Viele Pfeile schoß er ab, doch keiner berührte den anderen auch nur. Der Mann wurde zum Festland zurückgedrängt.

Hätte der Jäger Pfeile und einen Bogen gehabt, hätten sie ihn überhaupt nicht getroffen.
Schließlich streifte ihn ein Pfeil ganz leicht, und seine Zauberkräfte verließen ihn.
Am Ende war sein Körper geradezu mit Pfeilen gespickt, dennoch schritt er weiter. Er wollte, daß sein Leichnam auf dem Festland Ruhe fände.
Als er niederfiel, steckten so viele Pfeile in seinem Leib, daß er den Boden nicht berührte.
Der Rächer sagte der Frau des Toten, daß ihr Mann tot sei, und machte sich auf den Heimweg.
Seine Pfeile ließ er im Fleisch des Opfers stecken.

Der Schnee-Bär

Ein Inuk brüstete sich vor seinem Gast, daß er nicht einer von denen sei, die man so einfach in die Falle locken könnte. Er habe eine große Familie und viele Söhne.

Der Gast ging wieder und sann auf dem Heimweg darüber nach, ob es wahr sei, was der Mann ihm gesagt hatte.
Er selbst hatte vor, den Angeber zu töten.
Er baute einen Eisbären aus Schnee, stellte ihn auf die Füße und versah ihn mit Zauberkraft.
Ein paarmal lief er hinaus und betrachtete sein Werk.
Als er es das letzte Mal ansah, schien es tatsächlich lebendig zu sein. Als er wiederum nachsah, war der Bär nicht mehr da.

Im darauffolgenden Herbst war unser Angeber auf dem vereisten Meer. Man hatte schon die

Schneehäuser gebaut, und er ging hinaus, um seine Tanzkleider hereinzuholen.
Da er nicht wiederkam, machte sich sein kleiner Sohn auf die Suche nach ihm. Er konnte gerade noch sehen, wie sein Vater von einem Eisbären verschlungen wurde.

Die Männer töteten den Bären und aßen ihn auf, danach aber machten auch sie einen Schneebären und schickten ihn zu ihren Feinden.

Der Zauberbär tötete einen Menschen und verletzte einen weiteren. Diesen aber konnten die Schamanen retten.

Vater und Sohn

Ein Mann hatte Streit mit seinem Onkel mütterlicherseits. Der Ältere ging seiner Wege. Der Neffe verfolgte ihn mit seinem Vater. Als er seinen Kajak auf dem Rücken trug, überrumpelten und erstachen sie ihn.

Die Schwester des Ermordeten erhängte sich in ihrem Zelt. Zwar konnte man sie ins Leben zurückrufen, richtig wohl fühlte sie sich seither aber nicht mehr. Den Mördern tat niemand etwas, alle hatten große Angst vor ihnen.

Der Eisbär und die Eule

Ein Eisbär lief am Ufer auf und ab. Zufällig stieß er auf eine Schnee-Eule, die unbeweglich auf einem kleinen Erdhügel saß. Er pöbelte sie an:
«Du da oben! Willst du ewig so steif dort hocken bleiben? Seht sie euch an: Sie zuckt nicht mal mit den Lidern!»
Die Schnee-Eule antwortete:
«Und du da! Willst wohl dein Lebtag lang nur so herumtappen? Seht ihn euch an: Wie er die Backen zusammenkneift, und wie dreckig ist sein Hinterteil!»
Der Eisbär stürzte sich mit aufgerissenem Rachen auf die Schnee-Eule. Seine Kiefer schnappten zu,
doch verfehlten sie die Eule um Haaresbreite. Sie flog auf und davon, in den Himmel hinein.

Der Adler-Mann

Die Tochter einer alten Frau war mit einem guten Jäger verheiratet.
Einmal wollte sie allein aus den vor den Tieren geschützten Vorräten ihres Mannes etwas Fleisch holen. Das Versteck lag in der Nähe, doch sie blieb lange aus. Da wurde ihr Mann von Unruhe ergriffen. Er ging auf Suche, doch ohne Erfolg: Seine Frau mußte sich verirrt haben.
Zufällig hörte er ein Gespräch zwischen ihrer Mutter und einer anderen alten Frau, mit der sie zusammen wohnte.
«Unser Jäger tut mir leid. Seine Frau wurde in ein Land entführt, aus dem sie niemand zurückholen kann!»

Er lief zum Zelt der Frauen und ließ sich erklären, wo seine Frau war und welche Zauberriten er vollziehen müsse, um zu ihr zu gelangen.

Am Ende seiner Reise erreichte er einen Berg, auf dem er seine Frau inmitten vieler anderer schöner Frauen erblickte.
Ein Adler-Mann hatte sie alle gefangen und hielt sie gewaltsam fest.

Als der Adler-Mann auf die Jagd gegangen war, trat der Mann in das große Zelt. Er wollte die Frauen am nächsten Tag befreien.

Über Nacht versteckte er sich ganz in der Nähe.
Am darauffolgenden Morgen verließen alle, sobald der Adler ausgeflogen war, diesen Ort.
Sie hielten ihre Augen fest geschlossen und gingen drei Schritte vorwärts. Bald näherten sie sich ihrer Heimat.
Da gewahrten sie den Adler-Mann, der ihnen auf den Fersen war. Sie suchten Zuflucht unter dem Geäst eines riesigen Baumes, der am Wege stand.

Der Adler-Mann ließ sich darauf nieder und versuchte, ihn umzudrehen. Indes verstrickten sich seine Fänge in den Ästen, und es gelang ihm nicht, sich zu befreien.
Es wird berichtet, daß die Mutter des Adler-Mannes

unter dem Baum begraben war. Sie soll es gewesen sein, die ihn auf diese Weise festhielt, weil sie sich der Schandtaten ihres Sohnes schämte.
Er merkte wohl, daß er nicht freikommen konnte.
So bat er den Mann, einen Pfeil auf ihn abzuschießen.

Als der Adler-Mann starb, gingen alle ihrer Wege.
Die Frauen zogen heim zu ihren Männern.
Der Jäger und seine Frau kehrten in den Schoß ihrer Familie zurück.

Der Riese

Vor langer Zeit, als die Bewohner von Nuahorneq an gewohntem Ort nahe am Fluß ihr Lager aufgeschlagen hatten, um dort zu fischen, sahen sie einen Riesen herankommen. Es war Frühling, die Sonne stand hoch über dem Horizont. Als der Riese jedoch daherkam, verschwand sie hinter seinem Körper. Die Menschen hatten solche Angst zu sterben, daß sie anfingen, Zauberformeln zu singen. Und sie sahen, wie der riesengroße Mann an ihnen vorüberzog.
Obwohl der Fluß an dieser Stelle sehr breit war, überquerte ihn der Riese nur mit einem einzigen Schritt. Am Ufer des Flusses ging er in Richtung Meer, geradewegs über die Menschen hinweg, die noch ihre Zauberriten abhielten.

Wenig später machte der Riese nur noch kurze Schritte, so hatten ihn die Zaubergesänge geschwächt. Er gelangte zu einem mächtigen Felsen, der tief in der Böschung ruhte. Erschöpft wie er war, legte er sich ein Weilchen nieder. Dabei lehnte er sich an einen Felsen. Der große Felsen gab unter seinem Gewicht nach und rollte zur Seite.

Bald brach der Riese zum Meer auf und watete durch das Wasser zur Liston-Insel und zur Sutton-Insel. Er schöpfte mit der hohlen Hand Robben aus dem Wasser und steckte sie sich in den Mund.

Schließlich erreichte er die Insel, und indem er der Sonne zugewandt niederkniete, verwandelte er sich in einen Stein-Mann und wurde ein Felsen.

Der vom Mehltau befallene Dörrfisch

Vor langer Zeit ging eine ganze Schar Inuit an die Seen zum Fischen. Sie bauten sich Gestelle, um die Fische zu trocknen.

Eines Tages ließen sie die Fische zum Trocknen zurück und gingen weiter, um noch mehr Fische zu fangen.
Als sie zu ihren Trockengestellen zurückkehrten, entdeckten sie auf dem Fisch eine mit Haaren versehene Art von Mehltau.

Als eine Frau jedermann heranrief, von dem Dörrfisch zu essen, riet ein Mann davon ab, ihn auch nur zu berühren.
«Das ist keine Nahrung mehr für uns Menschen!»

Niemand hörte jedoch auf ihn. Sie aßen den Fisch, viele siechten dahin und starben.

Die Überlebenden verließen den Ort und gingen ein Stück weiter. Oft knieten sie nieder, um sich auszuruhen.
Nur sehr wenige überlebten.

Wie die Menschen das Töten erlernten

Ein altes Ehepaar hatte zwei Söhne, die ständig Reisen unternahmen.
Der eine Sohn richtete sich nach den Wünschen des Vaters, der andere nach denen der Mutter.
Sie wollten herausfinden, wer von ihnen den besten Rauch erzeugen konnte. Also entzündeten sie zwei Feuer.
Der Rauch vom Feuer des Jüngeren stieg steil in den Himmel auf, während der vom Feuer des Älteren sich dicht über dem Erdboden ausbreitete.

Der ältere Junge schämte sich sehr. Er wurde auf seinen Bruder zornig und tötete ihn.
Durch seine Tat lernte der Mensch, den Menschen zu töten.

Der Waisenjunge und der Rabe

Ein Waisenjunge und seine Großmutter bekamen ihr Essen stets von einem reichen Mann. Der Junge hatte schon lange daran gedacht, fortzugehen. So brach er eines Tages in die Berge auf.
Er kletterte ganz hoch hinauf, rollte sich in seine Schlaffelle und tat, als ob er schliefe.
Da kam ein großer Rabe, der flog über seinen Kopf und krächzte ohne Unterlaß. Er landete in seiner Nähe und stach den Jungen mit seinem Schnabel in Füße und Rücken, um sich zu vergewissern, ob er tot wäre.
Der Rabe schärfte frohlockend sein Messer und kam dichter an den Kopf des Jungen heran. Da schrie der Waisenjunge:
«He, he, he!»
Der Rabe flatterte davon und vergaß sein Messer.
Der Junge griff danach und lief nach Hause, von dem Vogel verfolgt, der sein Messer zurückverlangte.

Der Rabe flog voraus, grub mit seinem linken Fuß ein Erdloch und wartete auf den Jungen. Als dieser herankam, sagte er zu ihm:
«Gib mir mein Messer zurück, und all diese Tiere werden dir zur Beute fallen!»
Der Junge erblickte auf dem Boden des Loches viele Karibus, gab das Messer aber nicht zurück.
Der Rabe scharrte mit dem linken Fuß ein zweites Loch, und hier bekam der Junge Wölfe, Rotfüchse und andere Tiere zu Gesicht, weigerte sich jedoch noch immer, das Messer zurückzugeben.

Im nächsten Loch nun waren Weißfüchse, und diese begehrte der Junge um jeden Preis. Er gab das Messer zurück und nahm die Füchse mit nach Hause.

Die Großmutter brachte die Bälge der Füchse zum Trocknen vor ihren Iglu. Die Frau des reichen Mannes erblickte sie und erzählte ihrem Mann davon.
Der Mann schickte seine Tochter nach dem Jungen.
«Wie kommt es, daß du neuerdings so ein guter Jäger bist?»
«Ich bin auf den Berg gestiegen und habe mich schlafend gestellt. Da kam ein Rabe, und ich nahm ihm sein Messer weg.»

Voller Neid machte sich der Mann auf den Weg zu dem Berg. Er wickelte sich in seine Schlaffelle und tat, als ob er schliefe.
Indes schlief er tatsächlich ein.
Der große Rabe kam und stach ihm die Augen aus.

Der fliegende Schlitten

Ein Mädchen wollte sich keinen Mann nehmen, weil sie selbst eine gute Jägerin war. Sie begab sich auf eine lange Reise und sagte zu ihren Eltern:
«Ich werde fünf Jahre fortbleiben.»

Ein Waisenjunge erfuhr von ihren Eltern, wo sich das Mädchen aufhielt. Sie sagten ihm auch, daß er mit geschlossenen Augen drei Schritte vorwärts gehen müsse, um zu ihr zu gelangen.

Als er das Lager des Mädchens erreicht hatte, wollte sie nicht glauben, daß er aus der Siedlung ihrer Eltern käme. Um dies zu beweisen, sollte er zurückgehen und ihr ein Kleidungsstück bringen, das sie selbst genäht hatte.
Als sie davon überzeugt war, daß er die Wahrheit sagte, willigte sie ein, seine Frau zu werden.

Das Amulett, das ihr beim Jagen helfen sollte, war ein Hermelinfell. Der junge Mann hatte einen Zauberhandschuh.

Er zimmerte einen Schlitten mit einem Haus darauf. Sie wollten ihn für die Heimreise zu ihren Eltern benutzen.
Er bat seine Frau jedoch, sie solle während ihrer Fahrt durch den Himmel unter keinen Umständen aus dem Fenster schauen.

Sie waren schon eine ganze Weile durch den Himmel geflogen, da geschah es, daß der Blick des Mädchens aus dem Fenster irrte. Augenblicklich berührte der Schlitten den Boden, und sie konnten nicht mehr weiterfahren.

Der Rabe, der sich eine Möwe zur Frau nahm

Ein Rabe und seine Frau hatten zwei Kinder. Er sorgte gut für sie und kehrte nie ohne Beute von einem Jagdausflug zurück.
Eines Tages wurde er krank und sagte, als der Tod nahte, man möge ihm Bogen, Köcher und Werkzeug mit ins Grab legen.

Seine Frau schaffte seinen Leichnam auf eine Klippe.
Als sie die Hälfte des Weges hinter sich hatte, hielt sie inne. Es war sehr schwer für sie, und beim Ziehen gab sie ein merkwürdiges Geräusch von sich.
Die beiden Kinder sagten:
«Papa hat ja fast gelacht! Seit wann kann ein Toter lachen?»
Später, als sie sich Beeren zum Essen sammelten, trat ein Rotfuchs an sie heran.
«Was tut ihr da?» fragte er, worauf die Frau zur Antwort gab:

«Wir haben niemanden, der für uns jagt.»
«Dein Mann ist nicht tot. Er hat sich eine Möwe zur Frau genommen», behauptete der Fuchs.
Die richtige Ehefrau wurde zornig. Sie ließ ihre Kinder allein und machte sich auf die Suche nach der Möwe. Schließlich fand sie deren Haus. Sie ging hinein und erbot sich, ihr die Ohren zu säubern und das Ohrenschmalz zu entfernen. Tatsächlich aber durchbohrte sie ihr die Ohren und tötete sie.
Sie richtete den Körper im Freien auf, so, als ob die Möwe nach einem heimkehrenden Jäger Ausschau hielte. Ins Bett aber legte sie einen Handschuh voller Läuse.

Wenig später tauchte ein Rabe auf. Er schleifte eine Robbe übers Eis und bat die Möwe um Hilfe. Als sie sich nicht rührte, stieß er sie in den Rücken, und sie fiel vornüber aufs Gesicht.
Im Haus wimmelte es von Läusen. Als er im Bett lag, juckte es ihn vom Scheitel bis zur Sohle. Er stieß einen lauten Schrei aus, zog sich die Hosen an und lief hinaus.
Aber er hatte sie verkehrtherum angezogen und trat sich deshalb unablässig auf den eigenen Schwanz. Mit jedem Schritt fiel er der Länge lang hin.

Mutter Bär und ihre zwei Söhne

Pitikhorleq war ein großer Jäger.
Er besaß zwei Frauen, und eine von ihnen hatte zwei Kinder.
Als er in der Ferne auf der Jagd war, fand er eine Frau, die ihm gefiel.

Ohne Beute kehrte er zu seinen zwei Frauen zurück.
Wenig später wurde er krank. Bevor er starb, sagte er zu den Frauen:
«Wenn ihr meinen Körper ins Grab legt, so gebt meinen Bogen, meine Pfeile und mein Werkzeug mit.»
Als er gestorben war, taten sie, was er gewünscht hatte.

Die Frauen klagten. Niemand würde nun für sie jagen gehen.
Die zwei Jungen stellten kleinen Vögeln nach und töteten sie mit Steinen.

Eines Tages, als sie sich wieder an einen Vogel heranpirschten, nahm dieser seine Kapuze ab und sang: «Pitikhorleq ist nach Nuavak gezogen, um eine Frau zu suchen!»
Die beiden Jungen berichteten ihrer Mutter davon. Da suchte sie ebenfalls den Vogel auf. Er sagte ihr das gleiche.

Sie bat die andere Ehefrau, ein Robbenfell geschmeidig zu machen. Sie zog es über, schwamm wie eine Robbe und ging an Land. Von den Iglus hielt sie sich fern.
Alle riefen:
«Eine Robbe! Eine Robbe!»
Da erblickte sie Pitikhorleq und seine neue Frau.

Als sie wieder nach Hause zurückgekehrt war, trug sie der anderen Frau auf, die Felle von drei Grizzlybären geschmeidig zu machen. Sie und die zwei Jungen zogen die Felle an und wurden richtige Bären.
Vor dem Abschied sagte sie zu der anderen Frau: «Wenn du uns wieder zurückeilen siehst, dann halte den kleinen Finger ins Feuer und berühre damit mein Gesicht.»

Sie ließ ein flaches Holzstück zwischen die Bärenhaut und ihren Körper gleiten und machte sich mit ihren Kindern zu dem Haus auf, das sie entdeckt hatte.
Als die Leute sie erblickten, schrien sie:
«Bären! Bären!»
Die Männer nahmen die Verfolgung auf, doch bald blieb nur noch einer übrig: Pitikhorleq.
Er zielte mit seinen Pfeilen auf das größte der drei Tiere. Die Bärin wandte ihm jedoch die von dem Holzstück geschützte Seite zu, und so brachen alle Pfeile entzwei.
Als er keinen Pfeil mehr hatte, den er abschießen konnte, sagte sie zu ihren beiden Jungen:
«Nehmt eure Kapuzen ab!»
Da erkannte Pitikhorleq seine Familie. Er wollte mit ihnen nach Hause zurückkehren, aber die Frau wollte nichts davon wissen. Sie sagte zu ihren Kindern:
«Zieht eure Kapuzen über! Er hat uns arm gemacht, darum werden wir ihn töten.»
Sie ließen ihn tot zurück und sputeten sich, wieder in ihr Lager zu gelangen. Die andere Frau jedoch tat nicht mit ihrem Finger, wie ihr geheißen war, da sie die anderen noch nicht erwartet hatte.
Die drei Bären konnten ihre menschliche Gestalt nicht zurückerlangen, und sie töteten die Frau.

Karla El-Hassan
Einige Gedanken zur Literatur der Inuit

«Werden die Inuit vom Erdboden verschwinden? Werden wir aussterben? Wird man sich unserer Kultur, unserer Sprache und unserer Verbundenheit mit der Natur nur noch in Geschichten erinnern? Diese Fragen machen mich sehr traurig. Die Erkenntnis, daß wir Inuit zur Kategorie der großen Wale, der kühnen Adler, der Schlittenhunde und der Eisbären gehören, macht mir große Angst.

Die Erkenntnis, unser Volk als eine vom Aussterben bedrohte Art klassifiziert zu sehen, ist sehr beunruhigend. Ist unsere Kultur ein verwundeter Eisbär, der zurück ins Meer geht, um allein zu sterben?»

John Amagoalik
aus seinem Essay «Wir müssen träumen können» (1970)

Wie eine Antwort auf diese Fragestellung läßt sich die Tatsache deuten, daß die Kunst der «Inuit», der «Menschen», wie sich die Eskimo Kanadas seit einiger Zeit nennen, seit mehreren Jahrzehnten zu einem anerkannten Bestandteil der internationalen Kulturszene geworden ist. Waren es zuerst vor allem die Skulpturen und die Druckgrafiken der Inuit, die weltweite Wertschätzung erlangten, ist in den letzten drei Jahrzehnten auch ihre Literatur zunehmend bekannt geworden.

Wenngleich die Inuit seit mehreren Generationen in ihrer eigenen Sprache, in Inuktitut, lesen und schreiben können, hat das Schreiben als künstlerische Betätigung bei ihnen keine Tradition. Jahrhundertelang existierten ihre Geschichten und Gedichte nur in mündlicher Form. Sie wurden immer dann vorgetragen, wenn sich größere Menschengruppen zusammenfanden – an langen Winterabenden im Familienkreis oder in der öffentlichen Festhalle bei Feiern und Wettkämpfen, Trommeltänzen und Streitgesängen. Gewöhnlich gab es in jeder Siedlung einen Erzähler, der verpflichtet war, die Geschichten genau und korrekt wiederzugeben, und die

Zuhörer hatten die Aufgabe, Ungenauigkeiten zu korrigieren. Dennoch führte die jahrhundertelange mündliche Weitergabe von Geschichten dazu, daß sich traditionelle Wertvorstellungen mit privaten Interpretationen, Erinnerungen mit Inspirationen, ein allgemeingebräuchlicher Wortschatz mit individuell bevorzugten Redewendungen vermischten. Zudem dauerte der Vortrag einer Geschichte oft mehrere Stunden, manchmal sogar Tage, so daß übermäßige Längen und Wiederholungen entstanden. Dadurch hatten diejenigen, die begannen, die Geschichten, Gedichte und Lieder der Inuit aufzuzeichnen – Reisende, Missionare und Ethnologen aus Europa, aus den USA und aus Kanada, unter ihnen Knud Rasmussen, Franz Boas und Diamond Jenness –, nicht nur die schwierige Aufgabe der Übersetzung aus dem Inuktitut, sondern sie mußten die Texte auch den Erfordernissen einer schriftlichen Fixierung anpassen. Bis heute erweist es sich gerade für die Übersetzer und Herausgeber von überlieferter Inuit-Literatur als besonders schwierig, den Eindruck und die Aussage der Originale bei ihrer Aufbereitung für den Druck zu bewahren. Eine der Herausgeberinnen, die dabei erfolgreich war, ist Leoni Kappi. Sie selbst gehört zu den Inuit und wurde in einem kleinen Ort nördlich von Rankin Inlet an der Hudson Bay geboren. Kappi hat auch ein Buch mit dem Titel «Menschen im Norden» herausgegeben und zahlreiche Geschichten für Zeitschriften aufgezeichnet. In den siebziger Jahren arbeitete sie als Sekretärin bei der Territorialregierung.

Die ersten Gedichte und Artikel von Inuit, die in Zeitschriften erschienen, erlangten nur durch ihren Seltenheitswert Beachtung. Auch als die Inuit begannen, sich ernsthaft um eine eigene Literatur zu bemühen, das Handwerk des Schriftstellers erlernten und ihre Texte in eigenen Zeitschriften veröffentlichten, blieb dies im Süden Kanadas lange unbemerkt. Erst seit Anfang der siebziger Jahre, seit einige Dutzend Bücher und viele Geschichten, Gedichte und Essays von Inuit-Autoren erschienen sind, hat sich diese Literatur zu einem anerkannten und wertvollen Bestandteil des kanadischen kulturellen Lebens entwickelt.

Das literarische Schaffen der Inuit ist ein beeindruckendes Beispiel dafür, welch eine faszinierende und erregende Originalität Kunst aus dem unmittelbaren Bezug zur Alltagswelt gewinnen kann. Ebenso wie der Vortrag der Geschichten und Gedichte Bestandteil alltäglichen Lebens war, sind auch deren Inhalte im Alltagsdasein verwurzelt. Sie erzählen vom Jagen und Fischen und von Sommer- und Winterlagern, sie schildern Freude und Trauer, Hoffnungen und Ängste, Hungersnöte und Krankheiten und berichten von übernatürlichen Erscheinungen und Kräften, die gleichfalls zur gewohnten Vorstellungswelt der Inuit gehören.

Der enge Bezug zwischen Kunst und Alltag prägt auch die Auffassungen der Inuit vom künstlerischen Schaffensprozeß. In der Sprache der Inuit gibt es kein Wort, das dem entspricht, was wir unter künstlerischer «Inspiration» verstehen. Dafür verwenden die Inuit den Ausdruck «Emotionen fühlen». Danach ist jeder – da alle Menschen irgendwann einmal durch Gefühle erregt werden – ein potentieller Künstler. Dieser Gedanke korrespondiert damit, daß im Inuktitut das Wort «dichten» austauschbar mit dem Wort «atmen» gebraucht wird, das wiederum von der Bezeichnung «anerca» abgeleitet ist. «Anerca» verweist auf die Seele, auf das, was ewig ist, auf den sogenannten Atem des Lebens. Künstlerische Tätigkeit wird demnach als so alltäglich und zugleich als so notwendig und wesentlich wie das Atmen betrachtet. Der Dichter Orpingalik erklärte einst seine Vorstellungen über das Entstehen von Dichtung und über ihre Bedeutung folgendermaßen: «Lieder sind Gedanken, die mit dem Atem ausströmen, wenn Menschen durch große Erregungen bewegt werden und die gewöhnliche Rede nicht mehr ausreicht.» Hinzu kommt eine Äußerung des Inuit-Grafikers Pudlo Pudlat, daß er nur zeichnet, was er denkt, und daß es ihm manchmal so scheint, als könne sein Zeichenstift auch denken. Daraus wird ein Kunstverständnis deutlich, das von einer tiefen persönlichen Beziehung des Künstlers zu dem, was er schafft, und von der Überzeugung, daß künstlerische Tätigkeit nichts Außergewöhnliches ist, geprägt ist. In Übereinstimmung damit wurde den Künstlern bislang in den Gemeinschaften der Inuit kaum eine besondere soziale Stellung zuerkannt. Da die Inuit eine ausgeprägte natürliche künstlerische Veranlagung besitzen und im Vergleich zu anderen Völkern sehr viele von ihnen künstlerisch tätig sind, ist ihre Kunst nicht nur im Alltag verankert, sondern wird selbst zu einem Bestandteil des alltäglichen Lebens. Daraus erklärt sich unter anderem auch, daß viele Dichter keinen Wert darauf gelegt haben, dem Namen nach erinnert zu werden. Für sie waren die geschaffenen Gedichte wichtig, die deshalb sehr oft anonym sind.

Nicht nur für die von Leoni Kappi ausgewählten Geschichten der Inuit ist charakteristisch, daß sie durch eine vorwiegend rational ausgerichtete Annäherung nur bedingt erschlossen werden können und unserem künstlerisch-ästhetischen Empfinden ungewohnt erscheinen. Gelegentlich haben sie keine eigentliche Handlung und erinnern an einfache Berichte über eine bestimmte Begebenheit, worauf teils im Text selbst verwiesen wird – zum Beispiel am Anfang von «Geister» oder von «Die Ermordung des Vaters von Qavviaktoq». Die Inuit selbst bezeichnen ihre Prosatexte einfach als «Geschichten» oder auch als «Traditionen».

Entgegen unseren gewohnten Leseerfahrungen bestehen zwischen den einzelnen Erzählabschnitten nicht immer logische Zusammenhänge, und bestimmte Verhaltensweisen scheinen unmotiviert. Das ist darauf zurückzuführen, daß die Geschichten mündlich vorgetragen wurden. Der Erzähler, der die bereits allgemein bekannte Geschichte zu Gehör brachte, schilderte nur den Kern des Geschehens und konnte sich darauf verlassen, daß seine Zuhörer Details und Verbindungsglieder aus eigenen Erfahrungen und Kenntnissen gedanklich ergänzten. An einen mündlichen Vortrag erinnern auch der einfache Satzbau und die unkomplizierte Sprache, die auf die Vermittlung des Wesentlichen zielt.

Der Eindruck der Fremdartigkeit, den die Inuit-Literatur zweifellos bei allen Lesern aus anderen Kulturkreisen hinterläßt, ist in erster Linie durch die Besonderheiten der traditionellen Weltsicht dieses Volkes bedingt. Nicht zuletzt mit ihrer Prosa und Lyrik bieten uns die Inuit einen lebendigen Einblick in ein Weltverständnis, das in weiten Teilen Interpretationen und Vorstellungen ihrer Vorväter übernimmt. Wenngleich sich diese als zunehmend ungeeignet für die Erklärung des heutigen Lebens erweisen, sind sie in den meisten Kunstwerken noch bestimmend.

Jeder Versuch von Außenstehenden, die Gedankenwelt der Inuit zu begreifen, wird indes nur eine Annäherung bleiben. Die Art und Weise, wie die Inuit die Welt sehen, deuten und verstehen, erscheint uns ungewöhnlich. In ihren Vorstellungen scheidet sich Reales von Nichtrealem auf eigene, für uns ungewohnte Weise. Ihr Weltbild ist ein magisch-animistisches: Sie glauben an die Unsterblichkeit der menschlichen Seele und an eine Beseeltheit der Natur, sie beleben und personifizieren Naturerscheinungen. Sie sind überzeugt von der Existenz geheimnisvoll wirksamer Geistergestalten, die ihr Leben auf vielfältige Weise beeinflussen und über Erfolg oder Mißerfolg bei der Jagd, Gesundheit oder Krankheit, Schwangerschaft oder Unfruchtbarkeit, gutes oder schlechtes Wetter bestimmen. Auch Menschen, die Geister beschwören können, Verwandlungen zwischen Mensch und Tier oder Ehen zwischen Tiermännern und Menschenfrauen sind den Inuit nichts Befremdliches. In ihren überlieferten Interpretationen der Welt lebt eine ursprüngliche Imaginationskraft, in der sich Authentisches und Mythos, Fakt und Fiktion, Vernunft und Glaube, Erinnerung und Traum, Absonderliches und Alltägliches, christlicher Glaube und Heidnisches zu einem für sie harmonischen Weltbild vereinen. Was wir kritisch-analytisch hinterfragen, untersuchen oder als phantastisch bezeichnen würden, ist für sie eine Gegebenheit.

Vor dem Hintergrund einer solchen Weltsicht läßt sich auch besser verstehen, weshalb die Inuit ihre Geschichten unbefragt als wahr ansehen. Ebenso wie sie Erscheinungen, die mit dem Verstand nicht zu fassen sind, als etwas Wirkliches akzeptieren, sind für sie Geschichten, die davon erzählen, Darstellungen von wahren Begebenheiten. Der aus Alaska stammende Eskimo Usarqak sagte dazu:

«Unsere Erzählungen sind Erlebnisse der Menschen, und es sind nicht immer schöne Dinge von denen man hört. Aber man kann keine Geschichte ausschmücken, damit sie angenehm zu hören ist, wenn sie gleichzeitig wahr sein soll. Den Worten Neugeborener kann niemand Glauben schenken, aber die Erfahrungen der alten Geschlechter enthalten Wahrheit. Wenn wir Geschichten erzählen, sprechen wir nicht aus uns selbst heraus; da ist es die Weisheit der Vorväter, die durch uns spricht.»

Der Zugang zu den Geschichten wird erleichtert, wenn man sich bewußtmacht, unter welchen extremen geographischen und klimatischen Bedingungen die Inuit leben und wie sie in ständiger Auseinandersetzung mit der Natur um ihr Überleben kämpfen. Wenngleich sie eine harmonische Beziehung zur Natur anstreben, offenbart sich ihnen diese nicht selten feindselig, zumindest unbeteiligt. Deshalb ist – im Unterschied zu vielen ihrer Gedichte – in ihren Geschichten wenig Platz für idealisierte Darstellungen. Es dominieren die Gestaltung und Beschreibung von Kämpfen, Verbrechen, Mord, Tod und Menschenfresserei. Daneben wird ebenso deutlich, daß die Inuit auf ein enges Zusammenleben und gegenseitige Unterstützung angewiesen sind und Gemeinschaftssinn und Selbstbeherrschung schätzen. Eigenschaften wie Eigennutz, Überheblichkeit und Prahlerei und unbeherrschte Reaktionen, die bis zum Mord führen können, werden mißbilligt oder bestraft. Deshalb beschließen zum Beispiel die Nachbarn von Agleruittoq, der ein Mörder ist, ihn umzubringen, um sich von ihm zu befreien, und Kuamakaphaluk, der diejenigen tötet, von denen er sich wegen seines Sprachfehlers ausgelacht fühlt, muß sich einem Duell stellen, in dem er sein Augenlicht verliert. In «Schnee-Bär» wird ein Inuk ermordet, weil er anscheinend prahlt, und ein habgieriger reicher Mann wird geblendet, weil er wie ein armer Waisenknabe einen Raben dazu zwingen will, ihm Fuchsfelle zu schenken. Auch Ehebruch findet immer wieder Bestrafung, und das Volk der Kannibalen wird vernichtet. Doch nicht immer siegt die Gerechtigkeit. Im Unterschied zu den Märchen unseres Kulturkreises wird Gutes nicht immer belohnt und Böses nicht immer bestraft. Die Mörder in «Qavviaktoq» und «Vater und Sohn» werden nicht belangt, derjenige, der die männerfressende Frau besiegt und den Weißwal wieder lebendig macht, kann letztendlich seine menschliche Gestalt nicht zurückgewinnen und wird als Seeschwalbe von seinen Eltern erschlagen. Doch die Geschichten zeigen auch Inuit, die zu Liebe und Mitgefühl fähig sind und ihren Mitmenschen helfend zur Seite stehen. Oft verweisen sie auch auf seit langen Zeiten überlieferte Vorschriften und Verhaltensmaßstäbe, sogenannte «Lebensregeln», die nicht nur zum eigenen Nutzen, sondern zum Wohl der ganzen Gemeinschaft eingehalten werden müssen. Wir finden sie wieder in der Vergeltung eines Mordes, in dem Verbot, nach langer Hungerszeit am ersten Tag mehr als einen Seehund zuzubereiten, oder in der Warnung, keinen verdorbenen Fisch zu essen. Auch die Wünsche und Ratschläge von Geistern und sprechenden Tieren müssen befolgt werden, da sonst unverzüglich die Bestrafung erfolgt: Ein Mann kann seine menschliche Gestalt nicht wieder annehmen, weil er den Hinweis des Weißwals, beim Essen seinen Parka auszuziehen nicht befolgte; ein Junge, der die Bitten einer Schnee-Eule, ihr Leben zu verschonen, mißachtet, altert auf dem Weg nach Hause so schnell, daß er niemals dort ankommt; oder eine Frau wird zur Spinne, da es ihr nicht gelingt, den Faden, der sie mit dem Mond verbindet, rechtzeitig abzuschneiden. Tiere, die sprechen und denken können – Füchse, ein Weißwal, Eisbären, eine Schnee-Eule, ein Rabe –, kleine Plastiken oder aus Schnee geformte Eisbären, die lebendig werden, sind in den Geschichten der Inuit ebensowenig eine Seltenheit wie ein Wal-Mann oder ein Adler-Mann, Riesen oder Geister. Immer wieder ist auch über die Wirkung von Amuletten und magischen Riten und Liedern zu lesen, wobei niemals der Wortlaut der Beschwörungen aufgezeichnet wird, da diese nach den Vorstellungen der Inuit sonst ihre übernatürliche Kraft verlieren.

Nicht zuletzt sind die Schamanen, die häufig in den Geschichten der Inuit auftreten, Vermittler zwischen den Menschen und dem

Übernatürlichen. Sie sind nicht zu verwechseln mit Zauberern, die im verborgenen Tod und Unglück herbeihexen, sondern handeln wohltätig: Sie heilen Krankheiten, erforschen die Ursachen von Unheil, besänftigen erboste Geister, suchen verlorene Seelen im Reich der Toten oder beeinflussen das Wetter.

Wenngleich auch einige inhaltliche Aspekte der traditionellen Inuit-Literatur erklärt werden können, bleibt sie für uns dennoch fremd. Die kanadische Wissenschaftlerin Robin Gedalof, die sich intensiv mit Inuit-Literatur beschäftigt, verweist darauf, daß dies gar nicht anders sein kann. Nicht nur im Hinblick auf die Qualität der Übersetzungen aus dem Inuktitut ins Englische, sondern für das Verständnis dieser Literatur insgesamt, schreibt sie: «Wenn ein englischer Leser ein literarisches Werk vollkommen verstehen kann, dann ist es sicherlich nicht das Produkt eines Inuit-Autors.»

Während die einst mündlich überlieferte, traditionelle Dichtung der Inuit vor allem dazu diente, entsprechend der spezifischen Vorstellungswelt dieses Volkes Naturerscheinungen zu erklären, zwischen Gut und Böse unterscheiden zu lehren, Bräuche und Sitten weiterzugeben und zur Einhaltung von «Lebensregeln» aufzufordern, schreiben die Inuit heute in dem Bewußtsein, daß sie – so stellte es Robin Gedalof dar – wie «Reisende in der Zeit» in nur einer Generation den Schritt von der Steinzeit ins Atomzeitalter vollzogen haben, und daß angesichts des unausweichlich zunehmenden Kontaktes mit der modernen Industrie- und Mediengesellschaft ihr traditioneller Lebensstil und ihre kulturellen Werte langsam in Vergessenheit geraten. Zum überwiegenden Teil sind die Inuit heute in Siedlungen aus Fertighäusern seßhaft geworden. Sie schicken ihre Kinder in Schulen, lassen sich in Krankenhäusern behandeln und kaufen in Geschäften ein. Immer mehr von ihnen gehen einer bezahlten Tätigkeit nach und erwerben für das verdiente Geld unter anderem auch das, was sie einst selbst erbeuteten und herstellten: Nahrung, Kleidung, Haushaltsgegenstände. Sie vertauschen die Hundeschlitten mit dem Schneemobil, sind an Hubschrauber und Flugzeuge ebenso gewöhnt wie an Fernsehen und

Video. Durch diese und ähnliche Veränderungen, die sich auch als Folge der Ausbeutung von Mineral- und Ölvorkommen ergeben, fühlen die Inuit nicht zuletzt ihre Kultur bedroht. Während für die Erzähler der älteren Generation die althergebrachte Lebensweise noch Wirklichkeit war, wissen die jüngeren Künstler davon nur vom Hörensagen. Dennoch – oder gerade deshalb – halten sie mit vielen ihrer Geschichten an der Vergangenheit fest und nutzen die Literatur als Mittel, um zu erinnern und zu bewahren, was ihnen schätzens- und erhaltenswert scheint. «Was wir hören, vergessen wir, aber das Aufgeschriebene ist von Bestand», sind die Worte eines Inuk, mit denen er einen wesentlichen Grund für das zunehmende Interesse der Inuit an einer eigenen Literatur erklärt. Doch die zeitgenössische Literatur dieses Volkes spiegelt auch neue Lebens- und Bewußtseinsformen, ist eine Auseinandersetzung mit dem Nebeneinander von Altem und Neuem, artikulierte Erfahrungen, die aus der Begegnung mit fremden Kulturen resultieren, und verleiht einem gewachsenen politischen Engagement Ausdruck. Mit ihrer Vielzahl von Themen, die in Form von Geschichten, Berichten, Essays, autobiographischen Texten, Artikeln, Dramen oder Gedichten dargeboten werden, ist sie auf ihre ganz spezifische Weise Ausdruck für die Überlebenskraft der Inuit und folgt unüberhörbar John Amagoaliks Aufruf, mit dem er seine eingangs zitierte Fragestellung selbst zu beantworten scheint:

«Die Inuit waren einst ein starkes, unabhängiges und stolzes Volk. Deshalb konnten wir überleben. Diese Kraft, diese Unabhängigkeit und dieser Stolz müssen überdauern. Wir müssen Kanada beweisen, daß seine Ureinwohner nicht tatenlos bleiben und verstummen.»

Jena, Februar 1989

Josef Antonitsch
Bilder aus dem Alltag

Der Alltag ist das Thema, der Gegenstand der grafischen Arbeiten von Lucassie Tookalook. Allerdings handelt es sich dabei um einen uns fremden Alltag. Es ist das gefährdete, wenn nicht bereits verlorene Alltagsleben eines der letzten Naturvölker, das hier dokumentiert wird.

Lucassie Tookalook ist im November 1917, im Norden der kanadischen Provinz Québec, geboren. Damals gab es in diesem Teil der Arktis keine Siedlungen, wie wir sie heute kennen. Die nächste Missionsstation befand sich in Kuujjuarpik, immerhin 650 Kilometer südlich vom heutigen Povungnituk. Die Reise war für Eskimo, die dort Tauschgeschäfte machen wollten, nur im Winter mit dem Hundeschlitten möglich. Auf einer solchen Fahrt wurde Lucassie geboren. Lucassie und seine Frau Alicie hatten zehn Kinder. Die Großfamilie ist heute noch intakt, fünf der Kinder leben weiterhin im engsten Familienverband. Eine Schule hat Lucassie nie besucht. Das Lesen und Schreiben von Inuktitut hat er sich selbst beigebracht.

Tookalook ist nicht nur für uns als Angehörige einer anderen Kultur, sondern auch für sein Volk aufgrund seines Alters, seiner Generationszugehörigkeit, ein Mittler, eine Brücke zwischen Gestern und Heute. Povungnituk, sein Wohnort, ist wie die anderen Siedlungen der kanadischen Arktis Ausdruck der Wandlung traditioneller Lebensformen. Lucassie erinnert sich noch heute gut an die Zeiten, als hier noch keine Häuser standen. Die Familie lebte im Wechsel in verschiedenen Lagern. Einer der bevorzugten Lagerplätze der Familie befand sich genau an der Stelle, wo heute Lucassies Haus steht. Hier vor Lucassies Tür fließt der Povungnituk-Fluß, der in unmittelbarer Nähe in die Hudson Bay mündet. Ein Großteil des Jahres ist der Fluß zugefroren und stellt somit keine Barriere zu der Unendlichkeit der Arktis dar. Und wenn man dem Fluß den Rücken kehrt, findet man auf der anderen Seite von Lucassies Haus die Siedlung Povungnituk. Hier war zunächst nur ein Lager. Dann entschloß sich die Hudson's Bay Company, eine Handelsniederlassung zu errichten, was dazu führte, daß sich immer mehr Familien dort niederließen. Daraus ging mit der Zeit das heutige «POV», wie die Einheimischen die Siedlung nennen, hervor. Heute ist Povungnituk mit über neunhundert Einwohnern der größte Ort dieser Region.

Ist es möglich, daß innerhalb von zwei Generationen aus eiszeitlichen Nomaden seßhafte Arbeiter, aus Bewohnern von Iglus und Zelten Bewohner von Fertighäusern, aus sich selbst versorgenden Jägern Menschen wie wir werden, die zur Tiefkühltruhe und zu Dosengerichten greifen? Angesichts des tief eingewurzelten Jagdinstinkts der Inuit scheint dies ausgeschlossen. Noch ist hinter der modernen Fassade vieles Überlieferte zu finden. Aufgehoben ist das alte Leben in jedem Falle in den Erzählungen, Mythen und Märchen sowie in der Kunst Tookalooks. So wird Kunst jenseits aller ästhetischen Maßstäbe zum Dokument, zur Chiffre vergangener Zeiten und zu einer Art von kollektivem Gedächtnis des Volkes der Inuit. Unversehens erhebt sich hier die Frage nach Echtheit und Authentizität: Tookalooks Arbeiten haben nichts mit den alten für den Völkerkundler so interessanten, jedoch gestellten Fotos zu tun. Tookalooks Werk dokumentiert unmittelbar das Leben, wie es gewesen ist und wie es auch heute noch unter Umständen sein kann. Nicht zuletzt deshalb sind die hier vorgestellten Arbeiten auch aus völkerkundlicher Sicht aufschlußreich. Lucassie Tookalook war lange bevor er im Bereich der Druckgrafik arbeitete als Bildhauer tätig. Die Skulpturen geben ebenfalls Szenen der Jagd und des Fischfangs und auch Tiere des Hohen Nordens wieder. Auf einer der Grafiken finden wir ein archaisches Motiv, eine urtümliche Szene: Vater und Sohn auf der Jagd (S. 72). Lange sind sie der Fährte des Karibus gefolgt, dessen Flucht vor den Jägern nun endet. Das nahende Ende des Tieres hat nichts Grausames, Brutales, im Gegenteil – von Jägern und Beute geht eine Atmosphäre gegenseitigen Einverständnisses aus. Zwischen Mensch und Tier besteht ein inniges Verhältnis, eine für uns kaum faßbare Intimität. Hierin kommt die für uns schwer nachvollziehbare Jagdeinstellung der Inuit zum Ausdruck. In seiner extremen Angewiesenheit auf das Tier als der einzigen Existenzgrundlage macht sich der Eskimo nicht zum Herren über die Natur, sondern versteht sich als Teil eines Ganzen. Letztlich soll jedes Tier erhalten bleiben. So entschuldigt er sich dafür, daß er es gejagt hat, legt zum Beispiel einen gefangenen Fisch mit dem Kopf zum Atemloch, damit dessen Seele wieder zur Mutter des Meeres zurückkehren kann.

Die Jagd hat für die Inuit einen völlig anderen Stellenwert als für die Menschen der westlichen Industriestaaten, die aus Gründen der Mode zum Erwerb von Fellen für Stiefel, Taschen oder Mäntel Massenschlachtereien unter den Robben veranstalteten.

Jedes Jahr entsetzen wir uns über Bilder von Robbenfängern, die auf grausame Weise sogar Jungtiere abschlachten. Es ist nicht schwer, mit dem Bild eines verblutenden Seehundes Empörung und Entsetzen auf der ganzen Welt wachzurufen. Dadurch wird die Robbenjagd heute überall unterschiedslos geächtet, und sie ist zum Teil verboten. Den Inuit ist aber dadurch ein wichtiger Teil ihrer Existenz- und Nahrungsgrundlage entzogen worden. Es bedeutet für sie, die seit Jahrtausenden mit und von diesen Tieren leben eine noch stärkere Abhängigkeit von Nahrungsmittelzulieferungen aus dem Süden und nicht selten auch Abhängigkeit von der Sozialhilfe.

In der Verbindung mit der Natur wird aber auch deutlich, wie sehr die Inuit durchdrungen sind vom Glauben an Metamorphosen und Transmutationen. In den Geschichten, Skulpturen und Grafiken der Inuit ist es eine alltägliche Sache, daß der Mensch mit den Tieren gleichsam verschmilzt, sich in einen Elch, einen Bären, ein Walroß verwandeln kann, verschiedene Seinszustände durchläuft, um schließlich als Mensch wiedergeboren zu werden. Darin drückt sich ein Gefühl für die Verbindung alles Lebenden auf dieser Welt aus.

Seit dem 19. Jahrhundert haben christliche Missionare den Lebensraum der kanadischen Inuit durchzogen, und zum heutigen Zeitpunkt haben die meisten Inuit den christlichen Glauben in der einen oder anderen Form angenommen. Trotzdem existieren verschiedene Naturreligionen. Für die Inuit gibt es zum Beispiel keinen Himmel ohne Robben, und die meisten Jäger wünschen, im nächsten Leben als Eisbär wiedergeboren zu werden.

Jedes Geschehen steht bei den Inuit in einem bestimmten Zusammenhang, nichts geschieht ohne einen tieferen Sinn. Die Robbe stirbt, damit der Mensch leben kann, ihr Körper aber wird vom Jäger gewissermaßen nur ausgeliehen. Der Einzelne kann nur in der Gemeinschaft überleben, weil er auf die Hilfe anderer angewiesen ist. Kunst und Alltag bilden eine Einheit, es gibt keine Trennung zwischen Dingen, die zum Gebrauch hergestellt werden und denen, die «nur zum Ansehen» sind. Eine intellektuelle Bedeutung gewinnen die Arbeiten erst durch die Interpretation unserer Kultur. Für den Inuit hatten sie durchaus einen praktischen Sinn, sie sollten ihm vornehmlich Glück bei der Jagd bringen. Während der Jäger vor dem Eisloch des Seehundes wartete, schnitzte er ihn in den Stein, im Glauben, den Geist des Seehundes dadurch festzuhalten. Diese Einbindung in das Alltagsleben ist ein Zustand, der von den europäischen und amerikanischen Künstlern immer wieder vergeblich angestrebt wurde.

Ein weiterer Beweis für die vollkommen unterschiedlichen Wertbegriffe der Inuit ist auch ihre Vorstellung von der Zeit. Deren Aufteilung geschieht nicht nach quantitativen Aspekten wie in der übrigen Welt, sondern nach den Ereignissen, die sich an bestimmten Tagen zutragen, wie zum Beispiel der Wanderung der Karibuherden, oder einem besonders erfolgreichen Jagdtag. Auch die Zeit bleibt also in sich unzerteilt und wird in einen Gesamtzusammenhang gestellt.

Es ist selbstverständlich, daß diese Denkweise ihren Ausdruck in der Kunst findet. Gerade Lucassie Tookalook ist einer derjenigen, bei dessen Arbeiten man das ganz besonders spürt.

Das Papier ist etwas Neues für die Inuit. Es ist zwar von dem weißen Mann in den Norden gebracht worden, die Art der Darstellung darauf ist jedoch keinesfalls neu. Die Inuit verzierten schon vor Tausenden von Jahren ihre Waffen oder Werkzeuge. Die Verzierungen der Specksteintöpfe ist im Prinzip nicht anders als die Bearbeitung eines Druckstockes. Der Unterschied liegt nur darin, daß der eine Stein rund, der andere flach ist.

Ähnlichkeiten mit anderen Kulturen fallen hier auf.

In Thematik und Gestaltung erinnern die Grafiken an die Höhlenmalereien steinzeitlicher Jäger, an die Bildnisse von Lascaux und Altamira in Form einfacher Umrißzeichnungen und fein abgestufter Ausmalung der Innenflächen. Sie lösen Gedanken an die symbolische Funktion derartiger Zeichnungen aus, die Beschwörung des Tieres, die symbolische Vorwegnahme seiner Erlegung und seine symbolische Rückgabe an Gottheiten – Praktiken, wie sie bei allen Jägervölkern der Menschheitsgeschichte, so auch bei den Inuit, üblich waren. Die vorn beschriebene Jagdszene könnte sich so vor einer Million Jahren, vor eintausend Jahren oder erst gestern in der eiszeitlichen Weite der Arktis abgespielt haben.

Lucassies Motive stammen ausnahmslos aus der Vergangenheit. Will er sich mit dem Eindringen der neuen Kultur nicht auseinandersetzen? Verurteilt er sie? Zieht er die frühere Form des Lebens vor? Auf diese Fragen antwortet Lucassie sehr nüchtern. Die früheren Zeiten hätten ihn als Mann, als Jäger, immer wieder bestätigt. Man konnte sich leichter auf das Wesentliche konzentrieren, er war sich sicherer, worauf es im Leben ankam. Dies alles erlebt er auch heute noch, wenn er sein Haus verläßt und in sein Lager zieht. Dies macht er immer wieder für kürzere Zeit und kehrt dann wieder nach Povungnituk zurück. Die «Zivilisation» bringt aber auch Vorteile mit sich, auf die er keineswegs verzichten möchte. Bei extremer Kälte muß er nicht mehr ständig und immer wieder in der Eiswüste auf Nahrungssuche gehen. Sein festes Haus ist doch wärmer, er muß sich nicht mehr vor dem Verhungern fürchten, wenn die Jagdbeute nicht sehr reichlich ausfällt. Lucassie fühlt sich sicherer, da er weiß, daß er im Falle einer schweren Krankheit auch ins Krankenhaus gehen kann. In Povungnituk steht heute ein neues, modernes Hospital, das die Bewohner von ganz Nord-Québec aufsuchen können.

Im Unterschied zu anderen Inuit-Künstlern fertigt Tookalook keine Zeichnung an, die dann auf die Steinplatte übertragen werden muß, sondern zeichnet direkt auf den Stein. So ist die Ausführung dem Medium kongenial, unmittelbar auf dieses hin gedacht und ausgeführt. Die Schwere des Steins bleibt fühlbar, der Charakter des Schnitts ist spürbar. Lucassie arbeitete in den ersten Jahren ausschließlich monchrom, in einer Form also, die den Stein in seiner Flächigkeit voll zur Geltung kommen ließ (z. B. S. 12, 15, 38). Später treten – neben weiterhin monochrom gehaltenen Bildern – solche mit abgestufter Farbgebung oder ineinander übergehenden Farben auf, die in der Raffinesse und Feinheit der Übergänge einzigartig sind. Die Art der Darstellung ist nur auf den ersten Blick primitiv zu nennen. Lucassie gibt ein Beispiel unverbildeten Zeichnens. Kennzeichnend für ihn sind die Tendenz zur Geometrisierung, zur Vereinfachung der Formen, die – unter anderem für Nord-Québec typische Malweise, das Bild mit einem begrenzenden, abschließenden Rand zu versehen (z. B. S. 50), und die Mischung unterschiedlicher Ansichten, wie Querschnitt, Draufsicht, Profil und Frontalansicht, in einem einzigen Bild (S. 5, 12, 34). Insbesondere dieses Nebeneinander von Perspektiven ist reizvoll, es zeigt sich die hohe Kunst in der Naivität. Diese Bilder reduzieren sich nicht auf Abbilder von Gesehenem, sondern beinhalten das Wissen um Vorder- und Rückansicht und um die Vogelperspektive (Draufsicht). Das Innere wird in Querschnitten transparent gemacht. All diese Merkmale können, isoliert betrachtet, als primitiv, in ihrer Kombination und dem bewußten Einsatz als Gestaltungsmittel aber nur als künstlerisch ausgereift bezeichnet werden.

Tookalook ist ein Mann der traditionellen Lebensform, eingebunden in einen großen Familienverband, der zugleich aber am sich verändernden Leben teilhat und sich der Errungenschaften des neuen Lebens selbstverständlich bedient. Dabei träumt er aber gleichzeitig vom alten Leben, der Vergangenheit, die er häufig Wirklichkeit werden läßt, indem er wegfährt. In der weitgehend unerschlossenen Landschaft der Tundra bedeutet Reisen nicht nur Bewegung im Raum, sondern auch in der Zeit. Die Infrastruktur der Moderne, wie Straßen, Häuser und Telefone, reicht nur wenig über den Rand der neuen Siedlungen hinaus. Draußen ist das Land seit Jahrtausenden unverändert und fordert die ihm angestammte Lebensweise. Deren Kennzeichen sind die Gebundenheit an die Jahreszeiten, das Nomadendasein im Zug mit den Nahrung spendenden Karibuherden, das Angewiesensein auf die Familie und die Gruppe sowie das Leben mit den Tieren. Auf keinem der Bilder setzt sich Tookalook mit der Gegenwart auseinander. Nirgendwo finden wir die Darstellung moderner Geräte wie Flugzeuge, Skidoos, Gewehre u. ä. Ihm geht es in seinen Bildern einzig um die Belebung seiner Welt, sei es der der Vergangenheit oder der, die er in der Wildnis weitab von der Siedlung aufsucht.

Damit sind zugleich die Inhalte der Bilder angesprochen, die ein umfassendes Alltagspanorama vor uns ausbreiten: Die Natur im Wechsel der Jahreszeiten spiegelt sich in Bildern von Sommer- (S. 5, 27, 62) und Winterlagern (S. 15, 38, 50) und den an die Jahreszeiten gebundenen Wohnformen wie Zelt oder Iglu und Transportmittel wie Packschlitten (S. 15, 38, 50, 88) oder Kajak (S. 27, 55) mit dem jeweiligen Zubehör. Die Vielfalt der Tierwelt der Arktis erscheint neben Jagdwaffen wie Speer (S. 41), Pfeil und Bogen (S. 60), Walharpune (S. 23), Messer (S. 50), Angelschnur (S. 88) und Falle (S. 8).

In der Darstellung des Lagerlebens spiegeln sich Arbeitsformen und -teilung: Die Frauen bereiten die Nahrung zu (S. 27, 34), sammeln Zweige für das Feuer (S. 34, 84), spannen Felle zum Trocknen auf, nähen Fellkajaks (S. 5, 34) oder Kleidung (S. 62). Die Männer dagegen schneiden Schneeblöcke (S. 15) zum Bau von Iglus, kümmern sich um das Trocknen, die Instandhaltung der Kajaks (S. 18, 62) oder sind auf der Jagd (S. 12, 72). Dieser allerdings nicht strikten Arbeitsteilung – anstelle der Frau kocht auch einmal der Mann (S. 5) – sind mehr oder weniger geschlechtsgebundene Geräte zugeordnet, die aus dem Material der die Inuit umgebenden Natur hervorgegangen sind. Das Frauenmesser (Ulu) zum Zerlegen von Fischen (S. 5, 47) und zum Ausnehmen der Robben (S. 5), der Specksteintopf auf der Feuerstelle (S. 5, 62) oder der vertiefte Stein zum Zerlegen der Nahrung (S. 5, 34, 47). Die Kinder dagegen fahren Schlitten (S. 88) oder spielen im Sommer mit einem Spielzeugschlitten bereits Winter (S. 27).

Sind die Bilder Tookalooks im ersten Moment vielleicht fremd, so erscheinen sie uns bei näherem Betrachten schon vertrauter, und dieser Zustand verstärkt sich, je öfter wir uns mit dieser Kunst beschäftigen.

Ist da nicht ein Detail, das wir vorher noch nicht bemerkt hatten? Gerade die «Ereignisbilder» Tookalooks muß man genau ansehen, und dann möglichst mehrere Male. Die Intimität der Szenen und die knappen Mittel, mit denen ein Augenblick häuslichen Lebens oder der Jagd dargestellt ist, wirkt beeindruckend. Und dieser Eindruck wird sich von mal zu mal verstärken.

Die Inuit haben eine erstaunliche Fähigkeit entwickelt, die Vorteile der Zivilisation mit denen ihrer herkömmlichen Lebensweise zu verbinden. Nicht umsonst hat in den vergangenen Jahren eine Bewegung eingesetzt, die die Familien aus den Dörfern heraus in einsamere Gegenden geführt hat. Hier haben sie die Möglichkeit, ihren alten Traditionen gemäß zu leben und ihren Tagesablauf gleichzeitig durch die Errungenschaften der Technik zu erleichtern. So besteht die Chance, im Sommer über Land zu ziehen, im harten Winter aber in die Siedlungen zurückzukehren. Hierbei kommt ihnen die Möglichkeit der künstlerischen Betätigung als zusätzlichem Nebenerwerb sicher sehr entgegen. Der Künstler kann frei entscheiden, wann er arbeitet, bleibt im Kreis seiner Familie und ist nicht an einen festen Arbeitsplatz gebunden. Außerdem bewahrt er sich so seine Fähigkeiten, durch die seit Generationen das Überleben in dieser Gegend gewährleistet war. Alle diese Gedanken stecken hinter den Arbeiten Lucassie Tookalooks. Sie wollen uns zum Nachdenken anregen, wir sollen durch die Erlebnisse, die Tookalook in seinen Arbeiten lebendig werden läßt, aktiv am Dargestellten teilnehmen.

Bedingt durch die Änderung der Lebensgewohnheiten, wird die Zahl der Kinder nicht mehr davon abhängig gemacht, wer während der langen und gefährlichen Reisen von früher ernährt werden konnte. Die damals in diesem Zusammenhang gebräuchliche Sitte, Kinder auszusetzen – ein scheinbar grausames, jedoch lebensnotwendiges Ritual –, wurde von der Regierung verboten. Kinder wurden natürlich nur ausgesetzt, wenn man am Verhungern war, also in äußerster Not. Denn hier bedeuten – wie bei allen Naturvölkern – Kinder Reichtum. Mußten ja doch auch bei den Inuit die Jungen die Alten versorgen. Nicht nur das. In den Kindern leben die Eltern weiter. In jenen bleiben die alten Gedanken und Träume in der Zukunft lebendig. Das kulturelle Erbe ist gesichert. Deshalb gibt es in Povungnituk wie in den anderen Siedlungen sehr viele Kinder.

Auch Tookalook liebt – wie alle Inuit – Kinder über alles. Wie schon erwähnt, leben fünf seiner eigenen Kinder noch bei der Familie. Oft kommen dann auch deren Freunde, und es herrscht in seinem Haus meist ein reges Treiben. Die Kinder lieben seine Geschichten, und er kennt genug, um viele Winternächte damit auszufüllen.

Kehren wir zum Ausgangspunkt unserer Betrachtungen zurück, zum Nachdenken über Gewinn und Verlust der Zivilisation, und zum Nachdenken über den Sinn des Lebens. Eine Auseinandersetzung mit diesem, uns so fremden Volk lohnt sich. Seine Ruhe und Besonnenheit können auf uns wirken und uns helfen, einen Teil von uns selbst zurückzugewinnen.

In den Wissenschaften und der Literatur ist gegenwärtig eine Wiederbesinnung auf das Alltagsleben erkennbar. Die Menschen beginnen offenbar zu spüren, daß die Suche nach dem Sinn des Lebens nicht nur vom Besonderen, sondern auch vom Alltäglichen ausgehen kann. Produzenten seichter Unterhaltung suchen diese sich verändernde Einstellung zu nutzen. Doch lassen wir uns nicht mit billigen Alltagssurrogaten und Scheinwelten der modernen Medien zufriedenstellen. Schon immer hat in solchen Fragen die Kunst einen Weg gewiesen. Vielleicht lernen wir durch die künstlerische Darstellung des Alltags einer uns fremden Kultur den eigenen, unbeachteten Alltag zu entdecken oder intensiver wahrzunehmen. Auf diese Weise vermögen die Arbeiten Lucassie Tookalooks uns zum Nachdenken über Konstanz und Wandel des Alltagslebens anzuregen. Sie bieten Anlaß, den darin verborgenen Sinn zu suchen, und sie führen uns damit – wie alle Kunst – zum Nachdenken über uns selbst.

Mannheim, Juni 1989

Inhalt

ISBN 3-379-00620-3

Die Übersetzung der Texte erfolgte nach Inuit Legends, Edited: Leoni Kappi, Department of Education, Yellowknife, N.W.T., 1977.

Die zur Illustrierung des Bandes verwendeten Grafiken stellte uns freundlicherweise die Inuit Galerie Mannheim zur Verfügung.
Farbreproduktionen: Winfried Melzer, Dresden

1. Auflage
Gesetzt aus Maxima
Gesamtgestaltung: Claudia Bulka
Printed in the German Democratic Republic
Lizenz Nr. 363. 340/160/90
LSV 7338 – Vbg. 4,3
Gesamtherstellung: INTERDRUCK Graphischer Großbetrieb
Leipzig III/18/97
Bestellnummer: 664 219 9
19,80